Inhaltsverzeichnis

Liebe Kollegin, lieber Kollege,

> *„Bei Ihnen macht Kunst immer sooo viel Spaß und seit ich bei Ihnen Kunst habe, bin ich sogar richtig gut, fast so wie ein Künstler!"*

Worauf kommt es im Kunstunterricht an?

Diesen und ähnliche Sätze bekam ich bereits mehrfach von meinen Schülern[1] zu hören. Das erfreute mich natürlich, doch ich begann auch darüber nachzudenken, was eigentlich „guten" Kunstunterricht ausmacht.

Dabei musste ich an meine eigene Schulzeit zurückdenken und stellte fest: Ich hatte selbst nur sehr selten Spaß am Kunstunterricht. Woran das lag, wurde mir dann schnell klar. Entweder haben wir (aus meiner Sicht) langweilige Blumenbilder oder (misslungene) Selbstporträts mit Wasserfarben gemalt oder wir haben Obst abgezeichnet. So genau weiß ich schon gar nicht mehr, was wir im Kunstunterricht alles gemacht haben, denn viele Arbeiten landeten ja sowieso sofort im Müll. Aber an eine Aufgabe kann ich mich noch ganz genau erinnern: „Malt euer Hobby!" Als begeisterte Eisläuferin war mein Thema sofort klar; an der Umsetzung haperte es jedoch, denn ich war der festen Überzeugung, nicht zeichnen zu können, schon gar keine Eisläufer und Schlittschuhe. Nachdem meine Eisläufer mehr Sumoringern mit viel zu großen Füßen glichen, gab ich schnell auf. Zu Hause angekommen sah ich meine Schlittschuhe und hatte die Idee, diese auf ein Plakat zu legen und die Umrisse abzuzeichnen. Die Details konnte ich dann einfach in Originalgröße hineinzeichnen. Mit viel Geduld und Liebe gestaltete ich mein Plakat also auf diese Weise in originalgetreuem Maßstab, samt Puck und Hockeyschläger.

Das ist nun fast 15 Jahre her und obwohl dieses Plakat einfach nur riesig ist, habe ich es immer noch und bin auch heute noch stolz auf meine Leistung!

Diese Erinnerung machte mir deutlich, worauf es im Kunstunterricht – neben der Vermittlung verschiedener Techniken – ankommt:

- Die Schüler müssen einen **persönlichen Bezug zum Thema** haben oder herstellen können (➔ Steigerung der Motivation und des Durchhaltevermögens).
- Sie müssen **Erfolgserlebnisse** für sich verbuchen und sich selbst als kleine Künstler erfahren können (➔ Steigerung des Selbstwertes).
- Die Aufgaben müssen genügend **Spielraum für die Fantasie und Kreativität** der Schüler bieten (➔ Steigerung des Selbstwertes durch Selbstverwirklichung).

Einen weiteren wesentlichen Aspekt, der für alle Fächer und Fachrichtungen gilt, möchte ich in Form eines Zitates nach Augustinus hinzufügen:

„Nur wer selbst brennt, kann Feuer in anderen entfachen!"

Das soll nun nicht heißen, dass Sie keinen „guten" Kunstunterricht machen können, wenn Sie selbst kein Kunst-Fan sind – ganz im Gegenteil. Damit möchte ich ausdrücken, dass Sie bei der Themenwahl auch *Ihren* persönlichen Bezug berücksichtigen sollten, denn wenn Ihnen eine Gestaltungsarbeit selbst nicht gefällt, wird es schwer werden, sie den Schülern mit Begeisterung zu präsentieren.

[1] Um die Lesbarkeit zu vereinfachen, wird im Folgenden für Schüler und Lehrer ausschließlich die männlich-neutrale Form verwendet. Selbstverständlich sind damit zu jeder Zeit Menschen beider Geschlechter gemeint.

Liebe Kollegin, lieber Kollege,

Ich selbst bin begeistert von den Werken vieler Pop-Art-Künstler und den vielfältigen Umsetzungsmöglichkeiten im Unterricht. Genau wie mich haben die lebendigen, knallig-bunten Bilder auch meine Schüler angesprochen. Wie geht es Ihnen, wenn Sie einen Warhol, Rizzi oder Haring betrachten?

An wen richtet sich dieses Heft?

Alle Menschen, die in die Welt der Pop-Art eintauchen und sich selbst als Künstler erleben möchten, sind herzlich dazu eingeladen, die vielfältigen Gestaltungsarbeiten zu erproben und sich über fünf der wichtigsten Vertreter der Pop-Art schlau zu machen.

Die Hinweise zu den Gestaltungsarbeiten am Anfang jedes Kapitels ermöglichen **Kunstlehrern** und Lehrern, die Kunst **fachfremd** unterrichten sowie **Erziehern** und **Eltern** eine gute Planung und Umsetzung mit den Kindern.

Wie ist das Heft aufgebaut?

In insgesamt fünf Kapiteln können Sie mit Ihren Schülern die Welt von James Rizzi, Andy Warhol, Keith Haring, Roy Lichtenstein und Romero Britto erleben.

Aufbau der einzelnen Kapitel:

1. **Deckblatt mit farbigen Schülerarbeiten**
   - beide Gestaltungsarbeiten zum entsprechenden Künstler auf einer Seite
     (Sie können das Deckblatt zum Beispiel farbig auf eine Folie kopieren und den Kindern zum Einstieg in das Thema präsentieren.)

2. **Hinweise zu den beiden Gestaltungsarbeiten**
   - Angaben zu Klassenstufe, Zeitaufwand, Arbeitsform, Technik, ggf. notwendigen Vorarbeiten und zur Differenzierung sowie weitere Tipps und Hinweise
   - Materialliste in einem farblich abgesetzten Kasten

3. **Arbeitsblätter zum Künstler und zur Vorbereitung der Gestaltungsarbeit**
   - Informationen zum Leben und Werk des Künstlers, ansprechend aufbereitet in Form von Rätseln, Lückentexten oder Interviews
   - Hinführung zu den Gestaltungsarbeiten durch vielfältige Arbeitsaufträge

4. **Anleitungen zu den Gestaltungsarbeiten**
   - genaue Schritt-für-Schritt-Anleitungen
   - Materialliste in einem farblich abgesetzten Kasten

5. **Weitere Beispiele von Schülerarbeiten**
   - als Anregung für Sie und die Schüler

Liebe Kollegin, lieber Kollege,

Diese Piktogramme auf den einzelnen Seiten verschaffen einen schnellen Überblick:

	**Informationen für den Lehrer**	Seiten mit diesem Symbol enthalten Informationen für den Lehrer, z. B. zu den Gestaltungsaufgaben.
	**Arbeitsblatt für die Schüler**	Seiten mit diesem Symbol sind Arbeitsblätter oder Kopiervorlagen für die Schülerhand. Ausnahme: S. 20, diese Seite sollte den Kindern als farbiges Original gezeigt werden.
	**Anleitung zur Gestaltungsarbeit**	Seiten mit diesem Symbol sind Anleitungen für die Gestaltungsarbeiten; sie können für die Schüler kopiert werden, jedoch enthalten sie meist sehr viel Text und sind daher eher für den Lehrer geeignet.

Ein wichtiger Hinweis:

Leider konnten wir aufgrund der Urheberrechte nicht immer Originalwerke der Künstler abdrucken. Stattdessen finden Sie auf den Lehrerseiten sowie auf S. 72 Hinweise und Links, wo Sie die entsprechenden Arbeiten finden können.

Die Vorteile dieses Heftes im Überblick:

- Jedes Kapitel ist in sich geschlossen, also einzeln und **in beliebiger Reihenfolge** einsetzbar.
- Pro Kapitel und Künstler gibt es **zwei Gestaltungsvorschläge**.
- Es werden **viele Gebrauchsgegenstände** hergestellt, die auch einen Zweck erfüllen und am Ende nicht nur irgendwo „versacken“ oder im Müll landen.
- Alle Arbeiten sind mit relativ **geringem Materialaufwand** machbar, wobei je Künstler mindestens eine Arbeit „mit dem, was da ist“ (Kleber, Schere, Buntstifte usw.) umsetzbar ist.
- Die Anleitungen sind allgemein gehalten und somit **auf verschiedene Künstler übertragbar** oder auch komplett austauschbar.
- Viele Arbeiten beinhalten bereits eine **Differenzierung**.
- Die Schüler lernen **verschiedene Techniken** kennen und anwenden.

Viel Spaß und Erfolg beim künstlerischen Gestalten wünscht Ihnen

C. Volkert

Catarina Volkert

Auf den Spuren von ...

James Rizzi

Autos und Briefmarken

Schülerarbeit

Schülerarbeit

Hinweise zu den Gestaltungsaufgaben

a) Rizzi-Auto

Schülerarbeit

Klassenstufe: ab Klasse 2
Zeitaufwand: ca. 1–2 Stunden
Arbeitsform: Einzelarbeit
Technik: Zeichnen/Malen

Notwendige Vorarbeiten:

- Die Kopiervorlagen **„Rizzi-Auto gestalten“** (S. 10/11) nach Belieben auf DIN A4 oder DIN A3 (141 %) kopieren. Die Schüler wählen eines der Autos aus.

Differenzierung:

- Jeder Schüler kann entsprechend seiner Fähigkeiten und Fertigkeiten arbeiten.

Weitere Tipps und Hinweise:

- Die Kopiervorlage **„Rizzi-Auto betrachten“** (S. 9) kann zur Vorbereitung der Gestaltungsarbeit eingesetzt werden.
- Bilder mit typischen Rizzi-Motiven sind unter *http://www.james-rizzi-bilder.de* zu finden.
- Weitere Bilder zu Rizzi-Autos sind im Internet über eine Suchmaschine oder unter *http://www.rizzi-haus.de* unter „Mehr Rizzi“ zu finden.
- Alternative Hintergrundgestaltung: Aus hellblauem Tonpapier eine große Wolke ausschneiden und das Auto aufkleben, schon wird das Auto zum „Traumauto“.

Material Rizzi-Auto:

- Kopiervorlagen **„Rizzi-Auto gestalten“** (S. 10/11)
- Bleistift und Radiergummi
- Bunt- oder Filzstifte
- schwarzer Filzstift
- Schere
- Klebestift
- Tonpapier in verschiedenen Farben (DIN A4 oder DIN A3) für den Hintergrund

Hinweise zu den Gestaltungsaufgaben

b) Rizzi-Briefmarke

Schülerarbeit

Klassenstufe: ab Klasse 3
Zeitaufwand: ca. 3–4 Stunden
Arbeitsform: Einzel- oder Partnerarbeit
Technik: Papiercollage

Notwendige Vorarbeiten:

- keine

Differenzierung:

- Schwächere Schüler können Details auch mit einem Filzstift aufmalen, anstatt sie aufzukleben; stärkere Schüler können den für Rizzi typischen 3D-Effekt in ihre Collagen integrieren (siehe Anleitung).

Schülerarbeit

Weitere Tipps und Hinweise:

- Die Kopiervorlage **„Rizzi-Briefmarken betrachten"** (S. 13) kann zur Vorbereitung der Gestaltungsarbeit verwendet werden.
- Unter *http://www.rizzi-briefmarken.de* ist der Briefmarkensatz (bestehend aus vier Marken) zu sehen. Außerdem können dort auch Hintergrundinformationen nachgelesen werden.
- Interessant ist eine Kombination der Gestaltungsaufgaben a) und b): ein Rizzi-Auto auf einer Briefmarke.

Material Rizzi-Briefmarke:

- Tonpapier in verschiedenen Farben (DIN A4 oder DIN A3)
- schwarzer Tonkarton (DIN A3 oder DIN A2)
- bunte Tonpapierreste
- Schere
- Klebestift
- schwarzer Filzstift

James Rizzi

1 Lies den Text über James Rizzi und fülle die Lücken mit diesen Wörtern:

Gesicht • Farben • Comic-Stil • Autos • arbeitete • 1950 • Sonne

James Rizzi, 1950–2011

Lebensfroher James

James Rizzi war ein amerikanischer Künstler, der ______________ in Brooklyn (New York) geboren wurde. Er lebte und ______________ in New York. 2011 starb Rizzi unerwartet. Er war einer der bekanntesten Pop-Art-Künstler. Rizzi hatte einen ganz besonderen Zeichenstil:

Er zeichnete meistens in einer Art ______________ einfache Motive, die er mit dicken, schwarzen Konturlinien umrandete. Typische Motive von Rizzi waren Sterne, Wolken, Häuser, ______________, Gesichter, Herzen, verschiedene Tiere, ______________ und Mond.

Sehr lebendig wirken seine Bilder, weil er oft auch

Gegenständen (z. B. Häusern) ein lustiges ______________ mit großen Augen und großem Mund aufmalte. Für seine witzigen Motive verwendete er viele leuchtend bunte ______________.

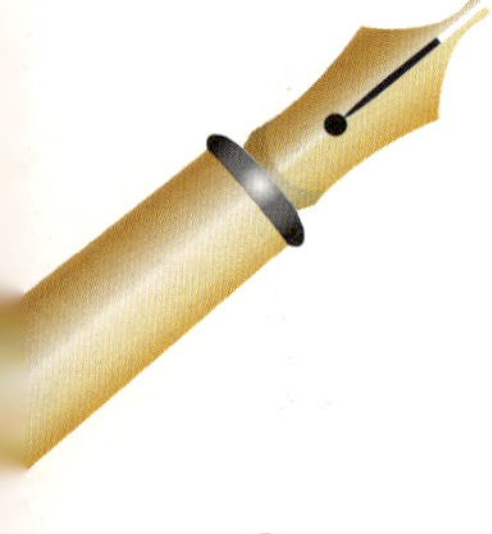

Rizzi-Auto

© Photograph 2006 by A. Lieventhal, Wikipedia

1 Schau dir das Foto von James Rizzi und seinem gestalteten Auto genau an und notiere hier alle Motive, die du erkennen kannst:

Vögel, ____________________

____

2 Kennst du weitere Motive, die Rizzi häufig verwendete? Zeichne sie mit Bleistift in den Kasten und male sie mit Buntstiften an.

Rizzi-Auto gestalten

1 Gestalte dein eigenes Rizzi-Auto! **So geht's:** Wähle ein Auto aus den Kopiervorlagen aus, zeichne **mit Bleistift** typische Rizzi-Motive auf und male das Auto und die Motive **mit Bunt- oder Filzstiften** ordentlich aus. Fahre dann **alle Bleistiftlinien mit einem schwarzen Filzstift** vorsichtig nach. **Schneide** das fertige Auto **aus und klebe** es auf ein farblich passendes Tonpapier, damit dein Gemälde einen Hintergrund hat.

Rizzi-Auto gestalten

1 Gestalte dein eigenes Rizzi-Auto! **So geht's:** Wähle ein Auto aus den Kopiervorlagen aus, zeichne **mit Bleistift** typische Rizzi-Motive auf und male das Auto und die Motive **mit Bunt- oder Filzstiften** ordentlich aus. Fahre dann **alle Bleistiftlinien mit einem schwarzen Filzstift** vorsichtig nach. **Schneide** das fertige Auto **aus und klebe** es auf ein farblich passendes Tonpapier, damit dein Gemälde einen Hintergrund hat.

Schülerarbeit

Schülerarbeit

Rizzi-Briefmarken

James Rizzi, der selbst ein Briefmarkensammler war, entwarf für die Deutsche Post ein Briefmarkenset mit seinen witzigen Motiven. Zum Thema „Grüße für jeden Anlass“ gestaltete Rizzi diese vier Sonderbriefmarken, die es seit 2008 zu kaufen gibt:

1 Schau dir die Briefmarken ganz genau an und beantworte die Fragen dazu:

a) Wie viel Cent kostet eine Briefmarke?

____

b) Welche Motive sind auf der Briefmarke mit dem Gruß „Herzliche Grüße“ zu erkennen?

____

c) Welche Grußbotschaft überbringen die beiden Fische dem Empfänger?

____

d) „Alles Gute!“ wünschen die Katzen. Wie viele sind es? ________________

Rizzi-Briefmarke

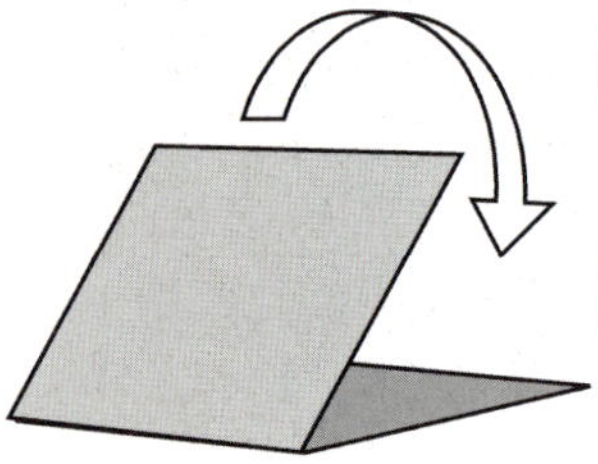

1. Wähle ein farbiges Tonpapier aus und falte es einmal zu einem Buch.

2. Schneide nun an den 3 offenen Kanten im Abstand von 1–2 cm kleine Torbogen heraus, damit ein Briefmarkenrand entsteht.

Achtung: Nicht an der Faltkante schneiden!

3. Falte deine Briefmarke wieder auf, klebe sie mittig auf einen großen schwarzen Tonkarton und schreibe mit Bleistift deinen Namen auf die Rückseite.

4. Klebe ein etwas kleineres Tonpapier-Rechteck einer anderen Farbe in der Mitte deiner Briefmarke auf.

5. Schneide aus bunten Tonpapierresten verschiedene Rizzi-Motive aus und lege sie auf deine Briefmarke.

   Beachte: Du sollst alles aus Tonpapierresten ausschneiden, auch Kleinteile wie Augen, Nase, Mund, Fenster, Blütenblätter und so weiter, also nichts einfach nur aufmalen!

6. Wenn alles so liegt, wie du es haben möchtest, kannst du die einzelnen Motive nach und nach auf der Briefmarke aufkleben.

   Tipp: Um einen 3D-Effekt zu erhalten, kannst du aus Tonpapierstreifen kleine „Hexentreppen“ falten und deine Motive so mit etwas Abstand aufkleben.

7. Zum Schluss umrandest du mit einem schwarzen Filzstift alle Konturen deiner Motive.

Material Rizzi-Briefmarke:

- Tonpapier in verschiedenen Farben (DIN A4 oder DIN A3)
- schwarzer Tonkarton (DIN A3 oder DIN A2)
- bunte Tonpapierreste
- Schere
- Klebestift
- schwarzer Filzstift

Schülerarbeit

Schülerarbeit

Auf den Spuren von ...

Andy Warhol

Schülerarbeit

Pop-Art-Tiere und Rasterzeichnungen

Schülerarbeit

Schülerarbeit

Hinweise zu den Gestaltungsaufgaben

a) Pop-Art-Tiere

Schülerarbeit

Klassenstufe: ab Klasse 2
Zeitaufwand: ca. 3 Stunden
Arbeitsform: Einzelarbeit
Technik: Zeichnen/Malen oder Polystyroldruck

Notwendige Vorarbeiten:

- Falls benötigt, die Kopiervorlagen **„Pop-Art-Tiere I und II: Malvorlagen"** (S. 25/26) kopieren.

Differenzierung:

- Jeder Schüler kann entsprechend seiner Fähigkeiten und Fertigkeiten arbeiten. Außerdem stehen zwei verschiedene Gestaltungstechniken sowie einige unterschiedliche Malvorlagen zur Auswahl.

Weitere Tipps und Hinweise:

- Die Kopiervorlagen **„Warhol-Motive betrachten"** (S. 21/22) können zur Vorbereitung der Gestaltungsarbeit eingesetzt werden.
- Bilder mit typischen Warhol-Motiven sind unter *http://www.easyart.de* zu finden. Für Tierbilder bitte im Suchfeld „Warhol Tiere" eingeben.
- Eine 4er-Kombi von Warhols Kuh gibt es unter *http://www.kultur-online.net/files/exhibition/03_765.jpg*. Für die Gestaltungsaufgabe ist es sinnvoll, den Schülern einen Farbausdruck davon zu zeigen, falls keine Internetrecherche im Klassenverband möglich ist.
- Die Tiere auf den Kopiervorlagen **„Pop-Art-Tiere I und II: Malvorlagen"** (S. 25/26) können als Vorlage verwendet oder direkt zum Ausmalen oder Drucken kopiert werden.

Material Pop-Art-Tiere:

- Bleistift und Radiergummi
- Papier (DIN A5)
- schwarzer Filzstift

Malen:

- Ölkreide oder Wachsmalfarben
- Kopierer mit DIN-A3-Papier

Polystyroldruck:

- Polystyrolplatte (ca. DIN A5)
- Kugelschreiber
- 4 verschiedenfarbige Tonpapiere (je Farbe 1× DIN A5 und 1× DIN A4)
- 1 schwarzer Tonkarton (DIN A2)
- schwarze Acryl- oder Schulmalfarbe
- glatte Druckwalze und Plastikteller o. Ä.
- Klebestift

Hinweise zu den Gestaltungsaufgaben

b) Rasterzeichnung

Schülerarbeit

Klassenstufe: ab Klasse 3
Zeitaufwand: ca. 2–3 Stunden
Arbeitsform: Einzelarbeit
Technik: Zeichnen: Rastertechnik

Notwendige Vorarbeiten:

- Die Kopiervorlage **„Zeichnen lernen mit der Rastertechnik: Malvorlagen"** (S. 30) kopieren. Die Schüler wählen eines der beiden Motive aus.

Differenzierung:

- Jeder Schüler kann entsprechend seiner Fähigkeiten und Fertigkeiten arbeiten.

Weitere Tipps und Hinweise:

- Die Schüler sollten vor dem Zeichnen einige Warhol-Kunstwerke betrachten, vor allem wegen der knallig-bunten Farbgebung bei Warhol.
  Bilder von Warhol sind unter *http://www.easyart.de* zu finden.
  Die Motive, die zur Auswahl stehen, sind zwar an Werke von Warhol angelehnt (Pepsi-Cola und Campbell's Soup), jedoch ist es nicht relevant, ob die Schüler die Originale kennen oder nicht, denn beim Ausmalen sollte folgende Frage im Mittelpunkt stehen: Welche Farben hätte Andy Warhol wohl für diese Suppendose und/oder den Kronkorken ausgewählt?

Material Rasterzeichnung:

- Kopiervorlage **„Zeichnen lernen mit der Rastertechnik: Malvorlagen"** (S. 30)
- Lineal
- Bleistift und Radiergummi
- schwarze Filzstifte (dick und dünn)
- weißes Papier (nach Wahl DIN A4 oder DIN A3)
- Buntstifte, Filzstifte oder Wasserfarben
- schwarzer Tonkarton

Andy Warhol

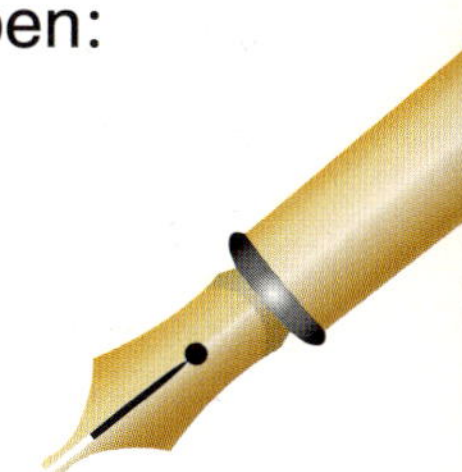

1 Finde heraus, welche Zahl für welchen Buchstaben steht. Dann kannst du das Rätsel problemlos lösen. Als kleine Starthilfe ist ein Wort schon vorgegeben:

Name des Künstlers	18 A	11 N	10 D	23 Y		25 W	18 A	5 R	1 H	22 O	9 L			
Warhol wurde 1928 geboren im Monat	18	16	3	16	20	8								
Warhols Geburtsland ist	18	4	2	5	12	14	18							
Warhols richtiger Name war	18	11	10	5	2	25		25	18	5	1	22	9	18
Als Kind las Warhol gerne	7	22	4	12	7	20								
Er sammelte auch Fotos von	14	12	11	22	20	8	18	5	20					
Warhols Ausbildungsberuf war	10	2	14	22	5	18	8	2	16	5				
Warhol studierte Design und	4	18	9	2	5	2	12							
Danach zog er nach	11	2	25		23	22	5	14						
Dort arbeitete er zunächst als	25	2	5	17	2	3	5	18	6	12	14	2	5	
Nebenbei malte er Bilder mit	3	5	2	9	9	2	11		6	18	5	17	2	11
Später druckte er Bilder mit dem	20	12	2	17	10	5	16	7	14					
Oft druckte er die Gesichter von	20	8	18	5	20									
Weitere bekannte Motive sind Suppendosen, Colaflaschen und	8	12	2	5	2									
Warhols Markenzeichen waren seine	25	2	12	20	20	2	11		1	18	18	5	2	
Warhol starb 1987 im Monat	6	2	17	5	16	18	5							

Zahl-Buchstaben-Zuordnung:

0	1	2	3	4	5	6	7	8	9	10	11	12
	H				R				L	D	N	
13	**14**	**15**	**16**	**17**	**18**	**19**	**20**	**21**	**22**	**23**	**24**	**25**
					A				O	Y		W

Andy Warhol

Andy Warhol ist so berühmt, dass von ihm sogar eine Wachsfigur im Wachsfigurenkabinett „Madame Tussauds“ in London steht. Hier siehst du ein Foto davon.

1 Andy stellt dir ein paar Fragen. Kannst du sie beantworten?

a) In welchem Land wurde ich geboren?

b) Was habe ich als Kind gerne gelesen?

c) In welcher Stadt habe ich gelebt?

d) An was erkennt man meine Bilder sofort, was ist das Besondere daran?

e) Wie heißt die Drucktechnik, mit der ich gedruckt habe?

f) Was war mein Markenzeichen?

Muuuh!

Bunte Kühe – die gibt es nur in der Werbung ...

... und bei Andy Warhol!

1 Andy hat solche Kuhbilder in verschiedenen Farben gestaltet. Suche im Internet nach weiteren Kuhbildern von Andy. Gib dazu „Andy Warhol Kuh" in einer Bildersuchmaschine ein.

Welche Farbkombinationen hast du gefunden? Notiere mindestens drei:

Beispiel: blauer Hintergrund mit orangefarbener Kuh, ______________________

____

2 Häufig hat Andy mehrere Einzelbilder zu einem Gesamtkunstwerk zusammengefügt bzw. gleich mehrmals dasselbe Motiv in verschiedenen Farben abgebildet. Drucke 4 farbige Kuhbilder von Andy Warhol aus (achte darauf, dass sie die gleiche Größe haben) und klebe sie zu einem 4er-Bild (2 nebeneinander, 2 darunter) zusammen.

Warhol-Kühe

1 Probiere eigene knallig-bunte Farbkombinationen im Stil von Andy Warhol für diese Kuh aus. Male mit Buntstiften. Verwende für den Kopf und den Hintergrund jeweils eine eigene Farbe. Jedes Einzelbild soll eine andere Farbkombination haben.

Pop-Art-Tiere I

Malen mit Ölkreide/Wachsmalfarben

1. Zeichne ein Tier oder einen Tierkopf deiner Wahl auf ein DIN-A5-Blatt. Achte darauf, dass du ein Motiv wählst, das einfach ist, also mit wenigen Einzelheiten. Dein Tier darf auch witzig aussehen wie in einem Comic.

2. Zeichne die Bleistiftlinien mit einem schwarzen Filzstift nach.

3. Lasse deine Zeichnung 4-mal auf ein DIN-A3-Papier kopieren. So sollte es aussehen →

4. Male nun das Bild in knallig-bunten Farben mit Ölkreide oder Wachsmalfarben an.

   Beachte dabei:
   - Verwende für den Hintergrund pro Einzelbild nur eine Farbe!
   - Verwende für das Tier nur 2–3 verschiedene Farben!
   - Male aber jedes der vier Einzelbilder in verschiedenen Farben an!

Material Pop-Art-Tiere I:

- Bleistift und Radiergummi
- Papier (DIN A5)
- schwarzer Filzstift
- Ölkreide oder Wachsmalfarben
- Kopierer mit DIN-A3-Papier

Pop-Art-Tiere II

Polystyroldruck

1. Zeichne ein Tier oder einen Tierkopf deiner Wahl auf ein DIN-A5-Blatt. Achte darauf, dass du ein Motiv wählst, das einfach ist, also mit wenigen Einzelheiten. Dein Tier darf auch witzig aussehen wie in einem Comic.
2. Lege deine Zeichnung auf eine Polystyrolplatte und drücke mit einem Kugelschreiber im Abstand von ca. 2 mm kleine Löcher entlang der Linien hinein.

   Achtung: Du darfst die Platte nicht komplett durchstechen!
3. Nimm das Papier von der Platte ab und verbinde die Punkte in der Platte mit dem Kugelschreiber. Ritze auch hier nicht zu tief!
4. Wähle 4 verschiedenfarbige DIN-A5-Tonpapiere aus. Lege sie nebeneinander auf eine Unterlage.
5. Gib auf einen Plastikteller etwas schwarze Farbe und färbe damit die Druckwalze ein.
6. Lege die Polystyrolplatte auf eine Unterlage und walze sie gleichmäßig mit Farbe ein. Hebe sie danach an den Rändern vorsichtig ab, drehe sie um und drücke sie fest auf eines deiner farbigen Papiere.

   Achtung: Beim Abheben musst du die Platte wieder an den Rändern fassen und sie ganz gerade nach oben abziehen, sonst verwischt dein Motiv!
7. Wiederhole Schritt 5 und 6, bis alle 4 Papiere bedruckt sind.
8. Sobald deine Tierdrucke getrocknet sind, klebst du jedes Einzelbild auf ein farbiges DIN-A4-Papier und zum Schluss alle deine Tiere auf einen großen schwarzen Tonkarton.

Material Pop-Art-Tiere II:

- Bleistift und Radiergummi
- Papier (DIN A5)
- schwarzer Filzstift
- Polystyrolplatte (ca. DIN A5)
- Kugelschreiber
- 4 verschiedenfarbige Tonpapiere (je Farbe 1× DIN A5 und 1× DIN A4)
- 1 schwarzer Tonkarton (DIN A2)
- schwarze Acryl- oder Schulmalfarbe
- glatte Druckwalze und Plastikteller o. Ä.
- Klebestift

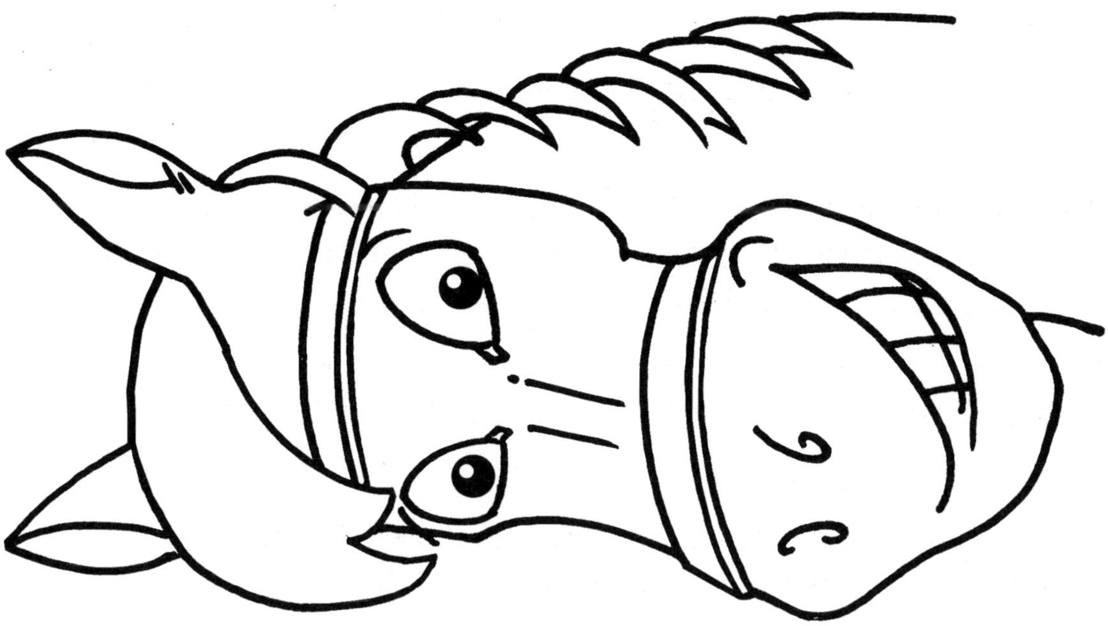

Schülerarbeit

Schülerarbeit

Schülerarbeit

Schülerarbeit

Rasterzeichnung

1. Auf der Vorlage „Zeichnen lernen mit der Rastertechnik“ findest du zwei Motive, die Originalwerken von Warhol nachempfunden sind. Wähle eines der beiden Motive aus. Entscheide, ob du es auf DIN-A3- oder DIN-A4-Papier zeichnen möchtest und lege ein weißes Papier bereit.
2. Um das Motiv vergrößert abzeichnen zu können, benötigst du ein Raster wie auf der Kopiervorlage. Dieses kannst du entweder mit Bleistift und Lineal aufzeichnen oder du faltest das Blatt 5-mal zusammen, sodass du nach dem Auffalten dieselbe Anzahl an Rasterkästchen (4 × 8 Kästchen) hast wie auf der Vorlage.
3. Zeichne das Motiv dann nach und nach mit Bleistift ab, indem du genau schaust, was in welchem Kästchen zu sehen ist.
4. Fahre alle Bleistiftlinien mit einem schwarzen Filzstift nach.

   Tipp: Wenn du nicht das gefaltete Blatt ausmalen möchtest, lasse es dir kopieren.
5. Male das fertige Motiv in leuchtenden Farben mit Buntstiften, Filzstiften oder Wasserfarben ordentlich aus. Überlege dabei: Welche Farben hätte Andy Warhol wohl verwendet?
6. Schneide das Motiv zum Schluss vorsichtig aus und klebe es auf einen schwarzen Tonkarton, damit die Farben noch mehr leuchten.
7. Hängt eure Bilder nebeneinander im Klassenzimmer auf, dann habt ihr ein Gesamtkunstwerk mit verschiedenen Farbvarianten im Andy-Warhol-Stil.

Material Rasterzeichnung:

- Vorlage **„Zeichnen lernen mit der Rastertechnik“**
- Lineal
- Bleistift und Radiergummi
- schwarze Filzstifte (dick und dünn)
- weißes Papier (nach Wahl DIN A4 oder DIN A3)
- Buntstifte, Filzstifte oder Wasserfarben
- schwarzer Tonkarton

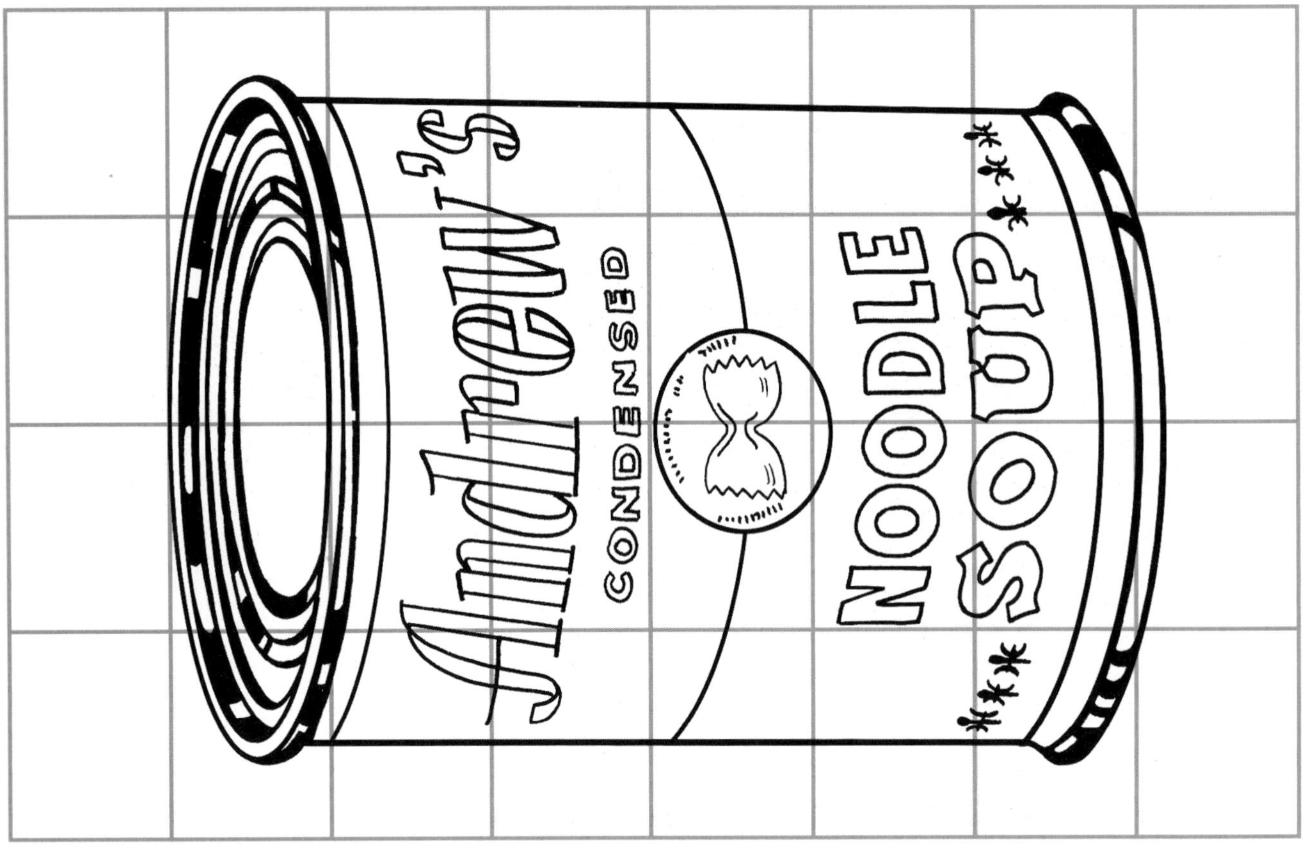
Andrew's
CONDENSED
NOODLE
SOUP

Pure Cola
ask for Cola!

Schülerarbeit

Schülerarbeit

Auf den Spuren von ...

Keith Haring

Schülerarbeit

Schülerarbeit

Spardosen/ Stiftedosen und Schnellhefter

Hinweise zu den Gestaltungsaufgaben

a) Spardose/Stiftedose

Klassenstufe: ab Klasse 3
Zeitaufwand: ca. 1–2 Stunden
Arbeitsform: Einzelarbeit
Technik: Zeichnen/Malen

Schülerarbeit

Notwendige Vorarbeiten:

- keine

Differenzierung:

- Jeder Schüler kann entsprechend seiner Fähigkeiten und Fertigkeiten arbeiten, geschickte Schüler können den Deckel zusätzlich verzieren.

Weitere Tipps und Hinweise:

- Die Kopiervorlagen **„Harings Erfolgsgeschichte"** (S. 37), **„Harings Erfolgsgeschichte nachspielen"** (S. 38) und **„Haring-Motive betrachten"** (S. 39) können zur Vorbereitung der Gestaltungsarbeit eingesetzt werden.
- Bilder von Harings Subway-Art (U-Bahn-Kunst) sind unter *http://www.haring.com* (unter „Art" > „Search Artwork" im Suchfeld „subway" eingeben) oder *http://www.haringkids.com/art/subway/index.html* zu finden. Tolle Motive findet man auch leicht, wenn man in einer Bildersuchmaschine den Suchbegriff „Keith Haring Subway Art" eingibt.
- Bilder mit typischen Haring-Motiven sind unter *http://www.haring.nebelbank.de* zu finden.
- Ohne Deckel dient die Dose auch wunderbar als Stiftedose!

Material Spardose/Stiftedose:

- (Chips-)Dose mit Deckel
- Maßband
- buntes (Ton-)Papier (Größe richtet sich nach der Dose)
- Bleistift und Radiergummi
- Buntstifte
- schwarzer Filzstift
- Schere
- Cutter-Messer oder kleine, spitze Schere
- doppelseitiges Klebeband und Tesafilm

Hinweise zu den Gestaltungsaufgaben

b) Schnellhefter

Klassenstufe: ab Klasse 3
Zeitaufwand: ca. 2 Stunden
Arbeitsform: Einzelarbeit
Technik: Zeichnen/Malen oder Drucken

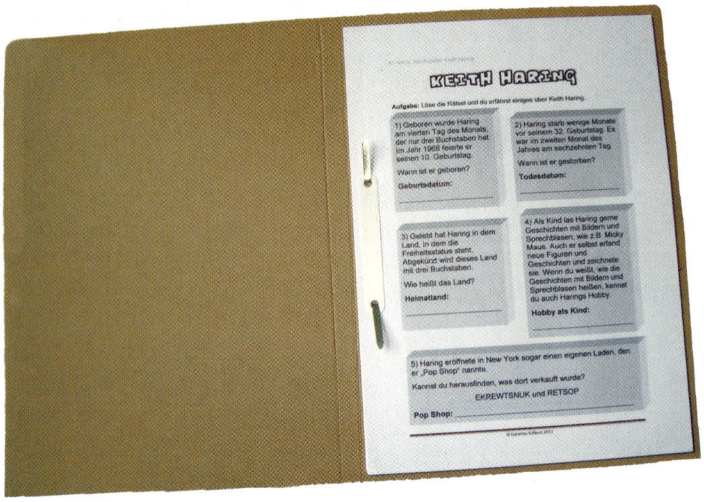

Notwendige Vorarbeiten:

- Die Schüler sollten in den richtigen Umgang mit dem Cutter-Messer eingewiesen werden.

Differenzierung:

- Jeder Schüler kann entsprechend seiner Fähigkeiten und Fertigkeiten arbeiten. Außerdem stehen zwei verschiedene Gestaltungstechniken zur Auswahl.

Weitere Tipps und Hinweise:

- Die Kopiervorlagen **„Harings Erfolgsgeschichte“** (S. 37), **„Harings Erfolgsgeschichte nachspielen“** (S. 38) und **„Haring-Motive betrachten“** (S. 39) können zur Vorbereitung der Gestaltungsarbeit eingesetzt werden.
- Der Schnellhefter kann bemalt oder mit selbst hergestellten Stempeln bedruckt werden.

Material Schnellhefter:

- Wellpappkarton ca. 45 cm × 30 cm
- Bleistift und Radiergummi
- Lineal
- schwarzer Filzstift
- Schere
- Cutter-Messer und Unterlage
- Heftstreifen
- ggf. selbstklebende Etiketten für Name und Fach

Zum Bemalen:

- Buntstifte

Zum Bedrucken (Stempel):

- Moosgummi
- Styroporreste
- Bastelkleber
- Acryl- oder Schulmalfarbe und Pinsel

Keith Haring

1 Löse die Rätsel und du erfährst einiges über Keith Haring.

① Geborenen wurde Haring am vierten Tag des Monats, der nur drei Buchstaben hat. Im Jahr 1968 feierte er seinen 10. Geburtstag.

Wann ist er geboren?

Geburtsdatum: ____________________

② Haring starb wenige Monate vor seinem 32. Geburtstag. Es war im zweiten Monat des Jahres am sechzehnten Tag.

Wann ist er gestorben?

Todesdatum: ____________________

③ Gelebt hat Haring in dem Land, in dem die Freiheitsstatue steht. Abgekürzt wird dieses Land mit drei Buchstaben.

Wie heißt das Land?

Heimatland: ____________________

④ Als Kind las Haring gerne Geschichten mit Bildern und Sprechblasen, wie z.B. Micky Maus. Auch er selbst erfand neue Figuren und Geschichten und zeichnete sie. Wenn du weißt, wie die Geschichten mit Bildern und Sprechblasen heißen, kennst du auch Harings Hobby.

Hobby als Kind: ____________________

⑤ Haring eröffnete in New York sogar einen eigenen Laden, den er „Pop Shop" nannte.

Kannst du herausfinden, was dort verkauft wurde?

EKREWTSNUK und RETSOP

Pop Shop: ____________________

Keith Haring

1 Setze die Puzzleteile richtig zusammen und du erhältst ein Foto von Keith Haring.

U-Bahn-Kunst

Lies die Geschichte, wie Keith Haring berühmt wurde.

U-Bahn-Kunst

Eines Tages fuhr Keith mit der U-Bahn nach Hause. An den Haltestellen entdeckte er schwarze Flächen, die zur Abdeckung über alte Werbeplakate geklebt waren. Er fand, dass die leeren Plakatwände sehr langweilig aussahen und wollte sie etwas aufpeppen. Dazu kaufte er sich Kreide und machte sich auf den Weg.

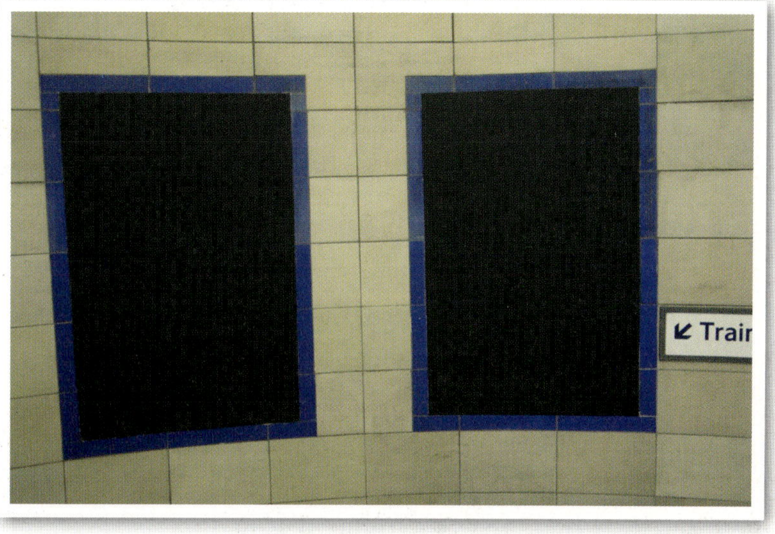

© Privatfoto C. Volkert

Er fuhr von Haltestelle zu Haltestelle. Wenn die Bahn anhielt, sprang er hinaus, zeichnete etwas auf die schwarze Fläche und stieg sofort wieder in die Bahn ein. Denn das, was er tat, war nicht erlaubt und schon bald war ihm die Polizei auf den Fersen. Viel Zeit blieb ihm also nicht für seine Zeichnungen, genauer gesagt hatte er oft nur 30 Sekunden, bis die Bahn weiterfuhr. Deswegen zeichnete er oft auch nur die Umrisse von ganz einfachen Figuren.

© Michael Coghlan, Wikimedia

Millionen Menschen sahen seine Zeichnungen an den U-Bahn-Haltestellen und so wurde Keith bald immer berühmter.

Immer in Bewegung

1 Spielt die Geschichte von Keith Haring in der U-Bahn in Gruppen selbst nach.

Ihr braucht dazu:

- Tafel
- Kreide
- eine (Stopp-)Uhr
- eine Pfeife

Stellt einige Stühle in Reihen vor die Tafel, das sind die Sitzplätze in der U-Bahn. Hier sitzen alle, die Keith Haring spielen. Jeder hat ein Stück Kreide in der Hand und überlegt sich ein einfaches Motiv, das er zeichnen möchte, z. B. ein Haus, ein Tier, einen Menschen, eine Comicfigur usw.

Einer von euch spielt den Bahnfahrer (er stoppt die Zeit und pfeift). Der Bahnfahrer gibt ein Zeichen, dass die Bahn hält, und dann geht es los:

Die Bahn hält, alle steigen aus, laufen zur Tafel und zeichnen schnell ihr Motiv an die Tafel.

Der Bahnfahrer schaut auf die Uhr und pfeift nach etwa einer Minute. Alle Zeichner müssen nun schnell wieder in die Bahn, also auf ihren Stuhl zurück.

2 Sprecht in der Klasse darüber, was euch beim Zeichnen und an den fertigen Bildern aufgefallen ist.

- Sind die Motive erkennbar?
- Hattet ihr genügend Zeit, um die Motive fertig zu malen?

3 Sicher ist euch aufgefallen, dass man in so kurzer Zeit nur sehr einfache Motive oder auch nur die Umrisse von Motiven zeichnen kann. Deswegen hat Keith meist auch nur die Umrisse von Menschen und Tieren (ohne Gesichter) gezeichnet. Spielt nun die Geschichte noch einmal nach, zeichnet diesmal aber Motive von Keith Haring.

Bewegt und bunt

Nicht nur Keith war ständig in Bewegung, wenn er in der U-Bahn zeichnete, auch seine Bilder stellen oft Menschen und Tiere in Bewegung dar.

1 Sieh dir die Bilder von Keith genau an.

© Keith Haring Foundation, Bildquelle: akg-images

a) Was tun die Figuren auf den Bildern deiner Meinung nach?

Bild 1: ______________________ Bild 2: ______________________

Bild 3: ______________________ Bild 4: ______________________

b) Woran merkt man, dass die Figuren sich bewegen?

____

2 Versuche nun selbst Figuren zu zeichnen wie Keith Haring. Denke dabei an die dicken, schwarzen Umrisse und die Bewegungslinien. Male deine Figuren in leuchtenden Farben aus.

Spardose

1. Miss die Höhe und den Umfang deiner Dose mit einem Maßband.
2. Schneide einen Papierstreifen (Farbe nach Wahl) so zu, dass er einmal um die Dose gewickelt werden kann.

   Achtung: Lasse etwa 1 cm überlappen!
3. Zeichne mit Bleistift typische Motive des Künstlers auf und male sie mit Buntstiften ordentlich aus.
4. Ziehe nun die Konturlinien mit einem schwarzen Filzstift nach.
5. Beklebe dann die Dose mit doppelseitigem Klebeband – einige Streifen am oberen und unteren Rand genügen.
6. Wickle nach und nach den Papierstreifen um die Dose mit dem Klebeband.

   Tipp: Lasse dir von einem Partner oder einer Partnerin helfen.
7. Schneide mit einem Cutter-Messer oder einer kleinen, spitzen Schere einen Schlitz in den Deckel der Dose, damit sie später auch reichlich gefüllt werden kann.

   Tipp: Lasse dir von deiner Lehrerin oder deinem Lehrer helfen.

So kannst du den Deckel noch verzieren:

8. Zeichne auf etwas dickeres Papier ein weiteres Motiv auf und male es aus. Zeichne unten kleine Laschen zum Umknicken dazu, damit du dein Motiv später auf dem Deckel befestigen kannst.
9. Schneide das Motiv aus, knicke die Laschen um und befestige die Laschen mit einem Streifen Tesafilm oder doppelseitigem Klebeband am Deckel hinter dem Schlitz.
10. Verschließe die Dose und fülle sie mit deinen Ersparnissen.

Material Spardose:

- (Chips-)Dose mit Deckel
- Maßband
- buntes (Ton-)Papier (Größe richtet sich nach der Dose)
- Bleistift und Radiergummi
- Buntstifte
- schwarzer Filzstift
- Schere
- Cutter-Messer oder kleine, spitze Schere
- doppelseitiges Klebeband und Tesafilm

Schülerarbeit

Schülerarbeit

Schülerarbeit

Schülerarbeit

Schnellhefter

1. Schneide die Wellpappe mit der Schere auf 45 × 30 cm zu.
2. Bemale oder bedrucke die Pappe mit typischen Motiven des Künstlers.

   Tipp: Eine Anleitung, wie man Stempel selbst herstellen kann, findest du auf der Seite „Stempel herstellen“.
3. Umrande danach alle Motive mit schwarzem Filzstift.
4. Zeichne auf der Rückseite der Pappe mit Bleistift Markierungen für die Schlitze und die Faltlinien auf. Das Bild hilft dir dabei:

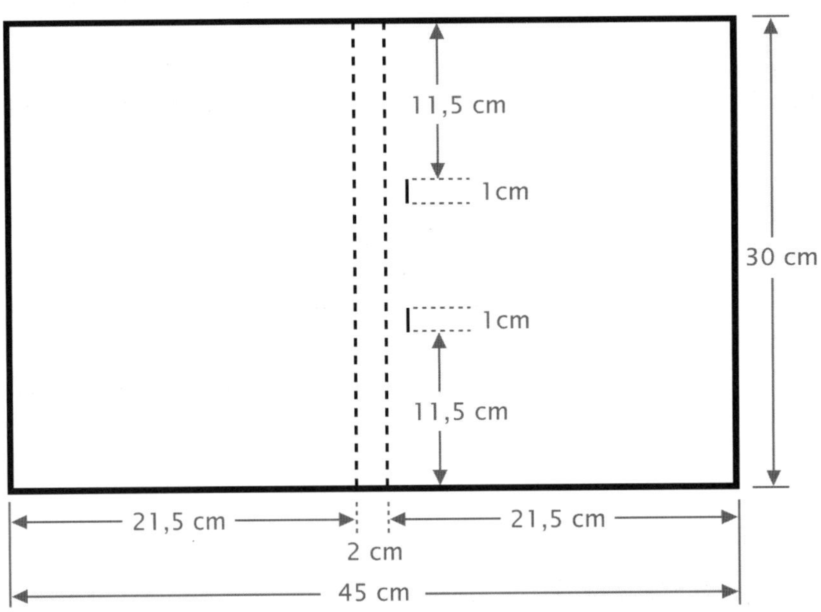

5. Mit dem Cutter-Messer kannst du die Linien nun an- bzw. durchschneiden.

   Achtung: Nur die beiden Schlitze für den Heftstreifen komplett durchschneiden! An den Falzlinien nur leicht einritzen, damit sie sich leichter knicken lassen.
6. Stecke nun einen Heftstreifen von hinten durch die Schlitze und klebe vorne auf den Schnellhefter ein Etikett mit deinem Namen und dem Fach auf.

Material Schnellhefter:

- Wellpappkarton 45 cm × 30 cm
- Bleistift und Radiergummi
- Lineal
- Buntstifte/Acrylfarben
- schwarzer Filzstift
- Schere
- Cutter-Messer und Unterlage
- Heftstreifen
- ggf. selbstklebende Etiketten für Name und Fach

Stempel herstellen

1. Zeichne auf Moosgummireste typische Motive des Künstlers auf und schneide sie aus.
2. Schneide nun aus Styroporresten mit dem Cutter-Messer einzelne Stücke zu, die etwas größer als deine Motive sind.
3. Klebe jedes Motiv mit Bastelkleber auf einen Styroporblock und lasse alles gut trocknen.
4. Sobald die Motive fest am Styropor kleben, kannst du sie mit einem Pinsel mit Farbe bestreichen und wie bei einem Stempel auf deinen Schnellhefter abdrucken.

   Tipp: Den benutzten Stempel kannst du ganz leicht mit etwas Wasser wieder sauber machen und erneut verwenden.

Material Stempel:

- Bleistift und Radiergummi
- Cutter-Messer
- Schere
- Moosgummi
- Styroporreste
- Bastelkleber
- Acryl- oder Schulmalfarbe und Pinsel

Schülerarbeit

Schülerarbeit

Schülerarbeit

Schülerarbeit

Auf den Spuren von ...

Roy Lichtenstein

Schülerarbeit

Schülerarbeit

Tischsets, Glasuntersetzer und Comic-Porträts

Schülerarbeit

Hinweise zu den Gestaltungsaufgaben

a) Tischset und Glasuntersetzer

Klassenstufe: ab Klasse 2
Zeitaufwand: ca. 3 Stunden
Arbeitsform: Einzelarbeit
Technik: Malen/Zeichnen und Papiercollage

Schülerarbeit

Notwendige Vorarbeiten:

- Thematik auswählen oder zusammen mit den Schülern abstimmen. Themenvorschläge: Comicfiguren, Lautmalereien (Onomatopoesie) zu verschiedenen Themen, z. B. Essen/Trinken, Musik, Lachen/Weinen, Tierlauten usw.

Differenzierung:

- Jeder Schüler kann entsprechend seiner Fähigkeiten und Fertigkeiten arbeiten.

Weitere Tipps und Hinweise:

- Die Kopiervorlage **„Lautmalereien wie bei Lichtenstein“** (S. 51) kann zur Vorbereitung der Gestaltungsarbeit eingesetzt werden.
- Bilder von Roy Lichtenstein sind unter *http://www.imageduplicator.com* zu finden.

Material Tischset:

- weißes DIN-A3-Papier
- Tonkarton (DIN A3) in verschiedenen Farben
- Tonpapierreste in verschiedenen Farben
- Bleistift und Radiergummi
- Schere
- Klebestift
- Laminierfolien (DIN A3) und Laminiergerät

Material Glasuntersetzer:

- Bierdeckel oder Korkuntersetzer
- weißer Tonkarton (in Größe des Bierdeckels/Korkuntersetzers)
- dicker schwarzer Filzstift
- Bleistift und Buntstifte (Filz oder Holz)
- Schere
- Laminierfolien (DIN A4) und Laminiergerät
- doppelseitiges Klebeband

Hinweise zu den Gestaltungsaufgaben

b) Comic-Porträt

Klassenstufe: ab Klasse 3
Zeitaufwand: ca. 1–2 Stunden
Arbeitsform: Einzelarbeit
Technik: Malen/Zeichnen/ Collage

Schülerarbeit

Notwendige Vorarbeiten:

- Mit einer Digitalkamera Porträtfotos der Schüler aufnehmen, mithilfe eines Bildbearbeitungsprogrammes in Graustufen konvertieren und in DIN-A4-Größe ausdrucken.
  Alternative ohne Kamera und Computer: Mitgebrachte Fotos der Schüler mit dem Kopierer aufhellen und ggf. vergrößern.

Differenzierung:

- Je nach Geschick der Schüler können sie noch die typischen Punktraster von Lichtenstein in ihr Bild übernehmen, z. B. mithilfe eines Lochblechs aus dem Baumarkt, das auf die Zeichnung gelegt wird. Die Schüler ziehen dann die Löcher mit einem schwarzen Stift nach. Alternativ können sie auch mit Schattierungen und Highlights arbeiten.

Weitere Tipps und Hinweise:

- Die Kopiervorlage **„Lichtenstein-Motive betrachten“** (S. 50) kann zur Vorbereitung der Gestaltungsarbeit eingesetzt werden.
- Weitere Bilder von Roy Lichtenstein sind unter *http://www.imageduplicator.com* zu finden.
- Alternativ können die Schüler auch Poster ihrer Lieblingsstars (Musikstars, Fußballstars, TV-Stars usw.), von berühmten Personen oder Fotos ihrer Familie mitbringen und in Comic-Porträts verwandeln. Diese einfach mit dem Kopierer in Graustufen-Bilder umwandeln.

Material Comic-Porträt:

- Graustufen-Foto in DIN A4
- OHP-Folie
- wasserlösliche Folienstifte in Schwarz (verschiedene Stärken)
- ein feuchtes Tuch
- Kopierer mit weißem DIN-A4-Papier
- Buntstifte oder Wasserfarben
- schwarzer Filzstift
- schwarzer und farbiger Tonkarton
- Schere
- Klebestift und Tesafilm

Roy Lichtenstein

Einige Kinder erzählen, was sie schon alles über den berühmten Pop-Art-Künstler Roy Lichtenstein gelernt haben, doch sie sprechen alle gleichzeitig.

1 Lies die Informationen in den Sprechblasen zu Roy Lichtenstein.

Steckbrief

1 Wenn du die Sprechblasen aufmerksam gelesen hast, kannst du jetzt den Steckbrief richtig ausfüllen und den Comic-Roy anmalen.

Name: ______________________________

Geburtsdatum: ______________________________

Geburtsland: ______________________________

Geburtsort: ______________________________

Seine Berufe:

____

____

____

Typische Motive:

____

____

____

Erkennungszeichen seiner Bilder: ______________________________

____

____

Lieblingsmusik: ______________________________

Todesdatum: ______________________________

Comic-Kunst

Das Bild heißt auf Deutsch **„M-Möglicherweise, Bild eines Mädchens"**.

Der Text in der Denkblase bedeutet übersetzt:

„Möglicherweise wurde er krank und konnte das Studio nicht verlassen."

1 Betrachte das Bild ganz genau und beantworte die Fragen. Sprecht gemeinsam in der Klasse über eure Antworten.

a) Was ist dein erster Gedanke, wenn du das Bild siehst?

b) Wie sieht die Frau für dich aus?

c) Wie ist das Bild gezeichnet? Wo könntest du ein ähnliches Bild finden?

d) Roy Lichtenstein verwendete in seinen Bildern oft Punktraster. Wo sind sie in diesem Bild zu sehen?

Crash, Boom, Bang

1 Überlege, was in diesen Bildern dargestellt wird. Woran kannst du das erkennen?

© Simon Rehbach, Wikipedia

Sicher kennst du Bilder wie diese aus Comics. Wenn Geräusche in Form von Wörtern dargestellt werden, nennt man das **Lautmalerei**.

2 Schneide aus alten Comic-Heften Einzelbilder mit Lautmalereien aus, klebe sie auf die Rückseite dieses Blattes und schreibe dazu, was auf dem Bild zu sehen und was zu hören ist.

3 Überlege dir zu den verschiedenen Themen passende Lautmalereien und zeichne sie wie im Beispiel.

Thema	**Musik, Klingeltöne**	**Essen und Trinken**	**Tierlaute**
Geräusche oder Laute	Kling, Klang, Ding, Dong, Tröt, Rrrring, Dideldü, Lalalala		
Zeichnung			

Tischset

1. Denke dir ein zum Thema passendes Motiv aus und zeichne mit Bleistift einen Entwurf auf ein weißes DIN-A3-Papier im Querformat.
2. Wähle einen Tonkarton (DIN A3) als Hintergrund aus und lege ihn im Querformat zurecht.
3. Schneide nun nach und nach aus farbigem Tonpapier Einzelteile deines Motives aus.

   Tipp: Du kannst deinen Entwurf zerschneiden, um Schablonen zu erhalten.
4. Ordne die Einzelteile nun auf dem Hintergrund-Tonkarton an, bis sie so liegen, wie du sie haben möchtest.
5. Klebe jetzt alle Einzelteile mit einem Klebestift auf den Hintergrund.
6. Lasse den Tonkarton mit dem fertigen Motiv von deiner Lehrerin oder deinem Lehrer laminieren.

Material Tischset:

- weißes DIN-A3-Papier
- Tonkarton (DIN A3) in verschiedenen Farben
- Tonpapierreste in verschiedenen Farben
- Bleistift und Radiergummi
- Schere
- Klebestift
- Laminierfolien (DIN A3) und Laminiergerät

Schülerarbeit

Glasuntersetzer

1. Lege deinen Bierdeckel oder Korkuntersetzer auf den weißen Tonkarton und umfahre ihn mit Bleistift. Lege den Bierdeckel zur Seite und fahre die Umrisslinie mit einem dicken schwarzen Filzstift nach.
2. Überlege dir ein Motiv und zeichne es innerhalb des Umrisses auf den weißen Tonkarton auf. Male es mit Buntstiften aus.
3. Schneide deinen Untersetzer entlang der Umrisslinie aus und lasse ihn von deiner Lehrerin oder deinem Lehrer laminieren.
4. In der Zwischenzeit klebst du auf deinen Bierdeckel oder Korkuntersetzer doppelseitiges Klebeband, sodass die Oberfläche komplett bedeckt ist.
5. Ziehe die Folie des doppelseitigen Klebebandes ab und klebe dein laminiertes Motiv auf den Bierdeckel bzw. den Korkuntersetzer.
6. Schneide dann die überstehenden Ränder der Laminierfolie ab.

Material Glasuntersetzer:

- Bierdeckel oder Korkuntersetzer
- weißer Tonkarton (in Größe des Bierdeckels/Korkuntersetzers)
- dicker schwarzer Filzstift
- Bleistift und Buntstifte (Filz oder Holz)
- Schere
- Laminierfolien (DIN A4) und Laminiergerät
- doppelseitiges Klebeband

Schülerarbeit

Schülerarbeit

Schülerarbeit

Schülerarbeit

Schülerarbeit

Schülerarbeit

Schülerarbeit

Comic-Porträt

1. Lege eine OHP-Folie auf dein Graustufen-Foto und fixiere sie oben und unten mit etwas Tesafilm, damit sie nicht verrutscht.
2. Zeichne nun mit einem dicken oder mittleren wasserlöslichen Folienstift den Umriss deines Kopfes und deiner Haare nach. In deine Haare solltest du auch einige wenige Strähnen einzeichnen.
3. Die Umrisse in deinem Gesicht zeichnest du mit einem dünneren wasserlöslichen Folienstift nach. Arbeite besonders genau bei den Augen und den Augenbrauen, der Nase und dem Mund. Vergiss nicht, kleine Fältchen einzuzeichnen, zum Beispiel am Mundwinkel.

   Tipp für Ausbesserungen: Ein Tuch mit etwas Wasser wirkt wie ein Radierer!
4. Hebe die Folie von dem Foto ab und kontrolliere, ob du die wichtigsten Umrisse aufgezeichnet hast. Wenn ja, kannst du deine Folie kopieren lassen.
5. Mit einem Bleistift kannst du noch Schattierungen einzeichnen, die du später mit einem schwarzen Filzstift ausmalst. Außerdem kannst du die typischen Punktraster mit einem dicken Filzstift „auftupfen“.

   Tipp: Nimm ein Lochblech zur Hilfe!
6. Male jetzt die Kopie mit Buntstiften oder Wasserfarben sorgfältig aus. Du kannst dich so ausmalen, wie du wirklich aussiehst, oder dir eine neue Haar- oder Augenfarbe geben, wenn du magst. Schneide dein Bild danach aus.
7. Gestalte einen Hintergrund für dein Porträt aus farbigem Tonkarton und klebe dein Bild darauf. Du kannst z. B. eine Sprechblase, einen Stern oder ein Dreieck ausschneiden, deinen Namen hineinschreiben und es neben dein Bild kleben. Probiere aus, was dir gefällt.
8. Klebe dein Bild auf einen schwarzen Tonkarton und fahre zum Schluss alle Umrisslinien nochmals mit einem schwarzen Filzstift nach.

Material Comic-Porträt:

- Graustufen-Foto in DIN A4
- OHP-Folie
- wasserlösliche Folienstifte in Schwarz (verschiedene Stärken)
- ein feuchtes Tuch
- Kopierer mit weißem DIN-A4-Papier
- Buntstifte oder Wasserfarben
- schwarzer Filzstift
- schwarzer und farbiger Tonkarton
- Schere
- Klebestift und Tesafilm

Schülerarbeit

Schülerarbeit

Schülerarbeit

Schülerarbeit

Auf den Spuren von ...

Romero Britto

Schülerarbeit

Aquarien und Magnetwände

Schülerarbeit

Schülerarbeit

Schülerarbeit

Schülerarbeit

L

Hinweise zu den Gestaltungsaufgaben

a) Aquarium

Klassenstufe: ab Klasse 2
Zeitaufwand: ca. 4–5 Stunden
Arbeitsform: Einzel- oder Partnerarbeit
Technik: Malen: Reserviertechnik und Collage/Assemblage

Schülerarbeit

Notwendige Vorarbeiten:

- Die Kopiervorlage **„Aquarium gestalten: Fisch-Schablonen"** (S. 64) in verschiedenen Größen kopieren, um unterschiedliche Fische zu erhalten.
- Um Brittos Stil zu erfassen, Betrachtung und Besprechung seiner Werke mithilfe der Kopiervorlage **„Brittos Zeichenstil erfassen"** (S. 62) und evtl. zusätzlichen Farbausdrucken seiner Motive aus dem Internet. Bilder von Brittos Fischen (z. B. mit dem Titel „Deeply in Love") sind über Bildersuchmaschinen leicht zu finden.

Differenzierung:

- Jeder Schüler kann entsprechend seiner Fähigkeiten und Fertigkeiten arbeiten.

Weitere Tipps und Hinweise:

- Bilder mit typischen Britto-Motiven sind unter *http://www.britto.com* im Menüpunkt „Gallery" zu finden.

Material Aquarium:

- Kopiervorlage **„Aquarium gestalten: Fisch-Schablonen"** (S. 64)
- Schuhkarton ohne Deckel
- verschiedene Papiere (Wellpappe, Glanz-, Seidenpapier, …)
- weißer Tonkarton (DIN A4)
- Ölkreide
- Wasserfarben
- Bleistift und Radiergummi
- Schere, Klebestift
- Nähgarn
- spitze Nadel
- Sand und Muscheln

L

Hinweise zu den Gestaltungsaufgaben

b) Magnetwand mit Magneten

Klassenstufe: ab Klasse 2
Zeitaufwand: ca. 4–5 Stunden
Arbeitsform: Einzelarbeit
Technik: Malen/Zeichnen oder Papiercollage

Schülerarbeit

Notwendige Vorarbeiten:

- Ausgiebige Betrachtung und Besprechung von Brittos Mustern und Formen in seinen Motiven mithilfe der Kopiervorlage **„Muster und Formen wie bei Britto"** (S. 66) und evtl. zusätzlichen Farbausdrucken seiner Werke aus dem Internet. Bilder von Britto sind über Bildersuchmaschinen leicht zu finden.
- ggf. Kopiervorlage **„Motivvorlagen frei nach Britto"** (S. 69) mit typischen Britto-Motiven angepasst an die Größe der Magnetwand kopieren.

Differenzierung:

- Alternativ zu gemalten Magneten können die Schüler die einzelnen Magneten auch in Form einer Papiercollage aus Tonpapier gestalten.

Weitere Tipps und Hinweise:

- Bilder mit typischen Britto-Motiven sind unter *http://www.britto.com* im Menüpunkt „Gallery" zu finden.
- Kostengünstige Alternative: Die Motive einfach nur zeichnen, auf einen farbigen Tonkarton kleben und als Bild aufhängen.

Material Magnetwand mit Magneten:

- Keilrahmenbild in beliebiger Größe oder Holzbrett (ca. 1 cm dicke MDF-Platte)
- Magnetfarbe und kleiner Schwamm
- Acrylfarben und Pinsel in verschiedenen Stärken
- ggf. Kopiervorlage **„Motivvorlagen frei nach Britto"** (S. 69)
- Bleistift, Buntstifte
- schwarzer Filzstift
- selbstklebende Magnetfolie
- Laminierfolien und Laminiergerät
- Schere

Romero Britto

1 Romero Britto ist zu Besuch beim Radio. Suche dir einen Partner. Einer von euch schlüpft in die Rolle der Radiomoderatorin, der andere in die von Romero Britto. Lest das Radio-Interview mit verteilten Rollen.

Liebe Radiohörer, heute haben wir für euch einen ganz besonderen Gast im Studio: den berühmten Pop-Art-Künstler Romero Britto! – Herzlich willkommen!

Vielen Dank für die Einladung, ich freue mich sehr, heute hier zu sein.

Kommen wir gleich zur ersten Frage: Wann und wo wurden Sie geboren?

Ich wurde am 6. Oktober 1963 in Brasilien geboren, wo ich zusammen mit meinen acht Geschwistern aufwuchs.

Wann haben Sie mit dem Zeichnen angefangen?

Als ich noch ein Kind war. Ich habe Kunstwerke anderer Künstler einfach nur abgezeichnet und später habe ich eigene Bilder gemalt.

Ihre Bilder haben ja einen ganz besonderen Stil, sie wirken so lebendig, strahlen Freude aus und zaubern den Menschen ein Lächeln auf ihr Gesicht. Wie machen Sie das?

Nun ja, ich selbst bin ein sehr fröhlicher Mensch und möchte das in meinen Bildern auch zeigen. Die Leute sollen beim Anschauen meiner Bilder einfach ein gutes Gefühl bekommen und sich an den schönen Dingen im Leben erfreuen.

Malen Sie deswegen vor allem Motive aus dem alltäglichen Leben, die jeder kennt?

Ja, meine Kunst soll für alle Menschen sein, egal, ob sie jung oder alt sind, arm oder reich. Ich wähle Motive, die jeder kennt und die bei den meisten Menschen schöne Gedanken oder Erinnerungen hervorrufen, wie zum Beispiel Blumen, Sonnenschein, Fische, Katzen, Hunde, Herzen, Gesichter …

Aber Sie malen nicht einfach normale Blumen, Herzen oder Tiere, sondern setzen ihre ganze Fantasie ein, um einzigartige Werke zu erschaffen. Wie genau machen Sie das?

Die meisten Motive zeichne ich in einer Art Comic-Stil, das heißt, ich zeichne schwungvoll grobe Umrisse von Gegenständen, Menschen und Tieren mit dicken schwarzen Konturlinien. Dann verziere ich die Motive mit Mustern oder Formen, zum Beispiel mit einem Herz im Gesicht eines Menschen oder mit Punkten und Streifen auf Blütenblättern oder Körperteilen von Tieren. Meistens sehen die Motive freundlich oder auch witzig aus.

Welche Farben verwenden Sie für Ihre Bilder?

Zum Ausmalen verwende ich kraftvolle, leuchtende Farben, damit meine Bilder poppig-bunt aussehen.

Und so sind Ihre Bilder unverwechselbar! Leider sind wir nun schon am Ende der Sendezeit. Ich bedanke mich, dass Sie bei uns im Studio waren und wünsche Ihnen noch viele gute Ideen für poppig-bunte Bilder.

Vielen Dank. Ich wünsche Ihnen und den Zuhörern viel Farbe und Fröhlichkeit in Ihrem Leben.

Frische Fische

1 Romero Britto hat gerade ein neues Kunstwerk begonnen, wird dann aber zu einem weiteren Interview gerufen. Nun beschreibt er, wie diese Vorlage ausgestaltet werden soll. Kannst du ihm helfen? Verwende Buntstifte.

Die dicken schwarzen Konturlinien der Fische, der Muscheln und des Seesterns konnte ich noch fertig zeichnen.

Ich habe bereits angefangen, einige Muster und Formen hineinzuzeichnen. Kannst du sie bitte mit Bleistift weiterzeichnen? Verwende für die Streifenmuster ein Lineal, damit sie gleichmäßig und gerade werden.

Beide Fische sollen gelbe Gesichter haben und die Streifenmuster auf ihren Schwanzflossen sollen orange-rot werden. Die Punkte auf den Schwanzflossen malst du hellblau an und die Flächen drumherum hellgrün. Die Pupillen der beiden sollen dunkellila werden.

Die Fischdame rechts soll einen roten Kussmund, blauen Lidschatten und einen pinken Schleier bekommen. Der Zylinder des Fischherrn soll rot werden.

Die gestreiften Muscheln sollen hell- und dunkelgrün sein, der Seestern blau mit türkisfarbenen Punkten.

Die Farbe des Meeres und des Meeresgrundes darfst du selbst auswählen!

Aquarium

Musterpapiere gestalten:

1. Male mit Ölkreide auf den weißen Tonkarton ein Muster (z. B. Punkte), bis das ganze Blatt voll ist.
2. Male mit einer passenden Wasserfarbe das ganze Blatt an, pinsle einfach über das Muster drüber. Die Farbe muss so flüssig sein, dass sie vom Muster abperlen kann.
3. Lasse das Blatt gut trocknen.
4. Wiederhole Schritt 1 bis 3 mit einem anderen Muster und einer anderen Farbe, bis du etwa 5 Blätter mit verschiedenen Mustern und Farben hast.

Aquarium gestalten:

Beklebe den Schuhkarton innen und außen mit verschiedenen Papieren in Blau- und Grüntönen, sodass es wie eine Unterwasserwelt aussieht.

Tipp: Algen kannst du aus deinem selbst gemalten Musterpapier ausschneiden und ankleben.

Fische im Britto-Stil gestalten:

1. Schneide die Einzelteile der Fisch-Schablonen aus und übertrage sie mit Bleistift auf verschiedene Musterpapiere. Schneide wieder alle Teile aus.
2. Lege die Einzelteile auf einem weißen Tonkarton zu einem Fisch zusammen und klebe sie auf.
3. Zeichne mit schwarzer Ölkreide alle Umrisse nach und schneide den Fisch aus.
4. Drehe deinen Fisch um und gestalte die Rückseite.
   Achtung: Lege die Schablonen dazu andersherum auf das Musterpapier!
5. Gestalte zwei Fische auf diese Art.

Die Fische ziehen ins Aquarium ein:

Mit einem Nähfaden und einer spitzen Nadel kannst du deine Fische im Aquarium befestigen.

Tipp: Hänge sie in unterschiedlicher Höhe oder schief auf.

Streue zum Schluss etwas Sand auf den Boden des Aquariums und lege einige Muscheln hinein.

Material Aquarium:

- Vorlage „**Aquarium gestalten: Fisch-Schablonen**“
- Schuhkarton ohne Deckel
- verschiedene Papiere (Wellpappe, Glanz-, Seidenpapier, …)
- weißer Tonkarton (DIN A4)
- Ölkreide
- Wasserfarben
- Bleistift und Radiergummi
- Schere, Klebestift
- Nähgarn
- spitze Nadel
- Sand und Muscheln

Schülerarbeit

Schülerarbeit

Muster und Formen

Die Blume rechts wurde nach dem Vorbild von Romero Brittos Blumenbildern gestaltet.

1 Betrachte die Blume und die einzelnen Blütenblätter ganz genau.

Was fällt dir auf?

Welche Muster und Formen kommen darin vor?

Tipp: Suche im Internet Bilder von Britto und notiere dir, welche Muster und Formen er in seinen Kunstwerken verwendet. Schau dir dabei auch den Hintergrund genau an.

2 Zeichne nun selbst verschiedene Muster und Formen in diese Blume und den Hintergrund und male alles mit kräftigen Farben aus.

Magnetwand

1. Trage die flüssige Magnetfarbe mit einem Schwamm gleichmäßig auf den Keilrahmen oder das Holzbrett auf. Wasche danach den Schwamm gut aus.

   Nun muss diese Schicht einige Stunden oder über Nacht trocknen, bevor du eine zweite Schicht auftragen kannst.

   Tipp: Zeichne in der Zwischenzeit einen Entwurf für deine Magnetwand und gestalte deine Magneten.

2. Trage eine zweite Schicht von der Magnetfarbe auf und lasse sie trocknen.
3. Sobald die Magnetfarbe vollständig getrocknet ist, wählst du eine Hintergrundfarbe aus den Acrylfarben aus und trägst sie ebenfalls mit einem Schwamm über der Magnetfarbe auf. Vergiss die Ränder nicht!
4. Nachdem die Farbschicht getrocknet ist, kannst du den Hintergrund noch mit einem Muster bemalen. Verwende hierzu wasserfeste Filzstifte oder Acrylfarbe.
5. Während der Hintergrund trocknet, kannst du Magneten in Form deines Wunschmotives mit den verschiedenen Mustern herstellen. Die Anleitung findest du auf der Seite „Magneten“.

Material Magnetwand:

- Keilrahmenbild in beliebiger Größe oder Holzbrett (ca. 1 cm dicke MDF-Platte)
- Magnetfarbe und kleiner Schwamm
- Acrylfarben und Pinsel in verschiedenen Stärken

Schülerarbeit

Magneten

Hinweis: Die Einzelteile eines Magneten sollten mindestens **3 cm** groß sein, damit sie auch gut halten.

1. Zeichne in die Motive auf den Kopiervorlagen Muster mit Bleistift ein oder zeichne ein eigenes Motiv mit typischen Mustern des Künstlers.

   Beispiel:

2. Male das Motiv mit Buntstiften ordentlich aus.
3. Fahre alle Bleistiftlinien mit einem dünnen schwarzen Filzstift nach.
4. Laminiere dein Motiv und schneide es danach so aus, dass du Einzelteile wie bei einem Puzzle erhältst.
5. Klebe nun deine laminierten Einzelteile auf die selbstklebende Magnetfolie und schneide sie erneut aus.
6. Jetzt kannst du die Magneten auf der trockenen Magnetwand anbringen.

Tipp: Natürlich musst du deine Motive nicht in Einzelteile zerschneiden, wenn du kleine Motive für deine Magneten wählst.

Material Magneten:

- ggf. Vorlage **„Motivvorlagen frei nach Britto“**
- Bleistift, Buntstifte
- schwarzer Filzstift
- selbstklebende Magnetfolie
- Laminierfolien und Laminiergerät
- Schere

Schülerarbeit

Schülerarbeit

Schülerarbeit

Schülerarbeit

Schülerarbeit

James Rizzi

Der Künstler James Rizzi (S. 8)

In dieser Reihenfolge sind die Wörter in den Lückentext einzusetzen:
1950, arbeitete, Comic-Stil, Autos, Sonne, Gesicht, Farben

Rizzi-Autos betrachten (S. 9)

Vögel, Wolken, Sterne, Sonne, Blumen, Katzen (auf dem Dach), Herzen, Kringel

Rizzi-Briefmarken betrachten (S. 13)

a) 55 Cent; b) eine Sonne, ein Mond, ein Vogel, ein Herz, Sterne, Wolken; c) „Herzlichen Glückwunsch"; d) 5 Katzen

Andy Warhol

Der Künstler Andy Warhol (S. 19)

August, Amerika, Andrew Warhola, Comics, Kinostars, Dekorateur, Malerei, New York, Werbegrafiker, grellen Farben, Siebdruck, Stars, Tiere, weißen (WEISSEN) Haare, Februar

Zahl-Buchstaben-Zuordnung:

0	1	2	3	4	5	6	7	8	9	10	11	12
-	H	E	G	M	R	F	C	T	L	D	N	I
13	14	15	16	17	18	19	20	21	22	23	24	25
-	K	-	U	B	A	-	S	-	O	Y	-	W

Der Künstler Andy Warhol (S. 20)

a) in Amerika; b) Comics; c) in New York; d) die grellen Farben; e) Siebdruck; f) seine weißen Haare

Keith Haring

Der Künstler Keith Haring (S. 35)

Geburtsdatum: 4. Mai 1958; **Todesdatum:** 16. Februar 1990; **Heimatland:** Amerika/USA; **Hobby als Kind:** Comics lesen und zeichnen; **Pop Shop:** Kunstwerke und Poster

Haring-Motive betrachten (S. 39)

b) an der Körperhaltung und an den Bewegungslinien

Roy Lichtenstein

Der Künstler Roy Lichtenstein – Steckbrief (S. 49)

Name: Roy Fox Lichtenstein; **Geburtsdatum:** 27.10.1923; **Geburtsland:** USA; **Geburtsort:** New York; **Seine Berufe:** Grafiker, Designer, Kunstlehrer und natürlich Maler; **Typische Motive:** Comicfiguren und Bilder im Comic-Stil; **Erkennungszeichen seiner Bilder:** Punktraster und Sprechblasen; **Lieblingsmusik:** Jazz; **Todesdatum:** 29.09.1997

Lichtenstein-Motive betrachten (S. 50)

c) Das Bild ist im Comic-Stil oder wie in einem Trickfilm gezeichnet. Auffallend sind die dicken schwarzen Konturlinien. Ein ähnliches Bild könnte man in Comic-Heften finden.

d) Die Haut der Frau ist mit einem Punktraster gemalt, ihre Lippen und Augen ebenso. Im Hintergrund gibt es auch einige Punktrasterungen.

Lautmalereien wie bei Lichtenstein (S. 51)

„FETZ": etwas ist explodiert, zerfetzt, die restlichen Fetzen (hier Steinbrocken) fliegen davon; **„KOKEL":** das Feuer brennt, brutzelt, und kokelt vor sich hin

Geräusche oder Laute:
Essen und Trinken: Schluck, Schlürf, Schmatz, Mampf, Haps, Schling, Beiß, Kau usw.; **Tierlaute:** Määähhh, Krääääh, Krächz, Muuuuh, Maunz, Miau, Schnurr, Wuff, Kläff, Jaul, Hechel, Winsel, Fieps usw.

Romero Britto

Brittos Zeichenstil erfassen (S. 62)

Eine mögliche Lösung könnte so aussehen. Die Schülerlösungen können leicht abweichen:

Bildnachweise und Internetlinks

Hinweis: Alle Schülerarbeiten sind als solche gekennzeichnet und wurden im Kunstunterricht eigenständig von Grundschülern erstellt.

Stand aller Internetquellen und -links: Februar 2013

Auf den Spuren von James Rizzi (S. 5–15)

Bildnachweise:

S. 8 James Rizzi © Peter Schmelzle, Wikipedia (Creative Commons-Lizenzen Namensnennung-Weitergabe unter gleichen Bedingungen 3.0 nicht portiert, 2.5 generisch, 2.0 generisch und 1.0 generisch)

S. 9 James Rizzi mit Rizzi-Beetle © Photograph 2006 by A. Lieventhal, Wikipedia (Creative Commons-Lizenz Namensnennung-Weitergabe unter gleichen Bedingungen 2.5 US-amerikanisch (nicht portiert))

S. 13 Rizzi-Briefmarken © James Rizzi, www.james-rizzi.com. James Rizzi wird verlegt von Art 28 – www.art28.com.

Internetlinks:

http://www.james-rizzi-bilder.de/
http://www.rizzi-haus.de/
http://www.rizzi-briefmarken.de/

Auf den Spuren von Andy Warhol (S. 16–31)

Bildnachweise:

S. 20 Andy Warhol Wachsfigur, Madame Tussauds London © Privatfoto Catarina Volkert

S. 21 Andy Warhol „Cow" © 2013 The Andy Warhol Foundation for the Visual Arts, Inc. / Artists Rights Society (ARS), New York; Bildquelle: akg-images

Internetlinks:

http://www.easyart.de
http://www.kultur-online.net

Auf den Spuren von Keith Haring (S. 32–44)

Bildnachweise:

S. 36 Foto Keith Haring 1982 © Patricia Sigerist; Bildquelle: akg-images

S. 37 U-Bahn-Tafeln © Privatfoto Catarina Volkert

S. 37 U-Bahn New York (unten) © Michael Coghlan, Wikimedia (Creative Commons Attribution 2.0 Generic)

S. 39 Keith Haring „Pop Shop Quad I" © Keith Haring Foundation; Bildquelle: agk-images

Internetlinks:

http://www.haring.com
http://www.haringkids.com/art/subway/index.html
http://www.haring.nebelbank.de/

Auf den Spuren von Roy Lichtenstein (S. 45–56)

Bildnachweise:

S. 50 Roy Lichtenstein „M-Möglicherweise … (Bild eines Mädchens)" © VG Bild-Kunst, Bonn 2012; Bildquelle: akg-images

S. 51 Onomatopöie (Fetz/Kokel) © Simon Rehbach, Wikipedia (GNU-Lizenz für freie Dokumentation, Version 1.2)

Internetlinks:

http://www.imageduplicator.com

Auf den Spuren von Romero Britto (S. 57–70)

Internetlinks:

http://www.britto.com/

Für vollständigen Lizenztext „GNU Free Documentation License" siehe:

http://aol-verlag.de/gnu_free_documentation_license

Für vollständige Lizenztexte „Creative Commons-Lizenzvereinbarungen" siehe:

http://aol-verlag.de/creativecommons